Y Llyfr

Cyhoeddwyd yng Nghymru yn 2023 gan CAA Cymru,
un o frandiau Atebol, Adeiladau'r Fagwyr,
Llanfihangel Genau'r Glyn, Aberystwyth, Ceredigion SA24 5AQ
caa.cymru

ISBN 978-1-80106-300-5

Hawlfraint y cyhoeddiad © CAA Cymru 2023
Hawlfraint y testun © Pegi Talfryn 2023
Hawlfraint yr arlunwaith © James Cottell 2023

Dyluniwyd gan Almon
Golygwyd gan Adran Olygyddol Cyngor Llyfrau Cymru
Cyhoeddwyd gyda chymorth ariannol Cyngor Llyfrau Cymru

Cedwir pob hawl.
Ni chaniateir atgynhyrchu unrhyw ran o'r cyhoeddiad hwn
na'i drosglwyddo mewn unrhyw ffurf neu drwy unrhyw fodd,
electronig neu fecanyddol, gan gynnwys llungopïo, recordio
neu drwy gyfrwng unrhyw system storio ac adfer,
heb ganiatâd ysgrifenedig y cyhoeddwr.

Argraffwyd yng Nghymru.

Y Llyfr

Pegi Talfryn

caa
CYMRU

*Diolch i bawb sydd wedi fy helpu
i bortreadu'r teulu Khan.*

PT

*Yr adeg honno y gwêl ysbrydion,
y clyw ganu yn yr awyr, yr ymdeimla
ag ymdoddiad y gorffennol a'r dyfodol.*

'Drws-y-Coed',
T.H. Parry-Williams

1
GOLEUNI'R GOGLEDD

"Wyt ti'n gallu dod draw i weithio ar y prosiect Saesneg heno?" gofynnodd Adviya i Emma. Roedd rhaid i'r merched roi cyflwyniad ar T.S. Eliot i'r dosbarth. "Bydd Mam wedi paratoi gormod o fwyd unwaith eto ac mae croeso i ti gael te gyda ni. Cawn ni wylio ffilm wedyn."

"Diolch," atebodd Emma, "ond dw i'n gweithio heno."

Roedd y ddwy ferch mewn coleg chweched dosbarth yn Wallsend, yn ardal Tyneside, ac wedi bod yn ffrindiau ers yr ysgol gynradd. Roedden nhw'n rhannu'r un dosbarth Safon Uwch, sef Saesneg, ond roedd Adviya yn astudio Bioleg, Cemeg a Mathemateg hefyd, tra oedd Emma'n astudio Hanes a Ffrangeg.

Wrth iddyn nhw gyrraedd y **groesffordd**, trodd Emma i'r chwith, ac aeth Adviya yn syth ymlaen.

"Gwnaf i ffonio fory," **addawodd** Emma.

Unwaith roedd Adviya o'r golwg, dechreuodd Emma redeg. Agorodd ei thei a thynnu ei siaced wrth redeg. Tasai hi'n cyrraedd y gwaith erbyn chwech, basai hi'n gallu cael mwy o arian.

---

croesffordd – *a crossroad*

addo – *to promise*

Cyrhaeddodd y tŷ ac agor y giât. Gwelodd hi fod rhywun wedi taflu caniau cwrw gwag i mewn i'r hances o ardd oedd o flaen y tŷ, ond doedd dim amser i **dacluso**. A dweud y gwir, roedd angen tacluso'r tŷ, ond doedd dim amser i feddwl am hynny heno.

Doedd Mam ddim gartre, wrth gwrs. Roedd hi'n glanhau swyddfeydd bob nos Wener. Byddai hi'n gweithio mewn caffi yfory tan yn hwyr.

Aeth Emma i'r ystafell wely a thynnu ei sgert a'i blows yn ofalus. **Dododd** hi'r sgert siec yn y wardrob, gyda'r tei streipiog coch yn hongian o gwmpas yr hanger. Byddai rhaid golchi'r flows yfory. Edrychodd ar y siaced. Siaced ail-law oedd hi pan brynodd Emma hi, a doedd hi ddim yn mynd i **bara** am lawer eto. Roedd Emma wedi tyfu **yn ddiweddar**. Dyna pam roedd angen iddi hi weithio i gael arian i brynu siaced newydd.

Gwisgodd hi sgert ddu a chrys polo gwyn, a thynnu ei gwallt yn ôl mewn cynffon.

Roedd hi eisiau bwyd, ond doedd dim amser i baratoi dim byd. Rhedodd hi allan o'r tŷ yn cario darn o fara gwyn gyda jam coch arno. Efallai byddai bwyd sbâr yn y gwaith.

Roedd hi'n gweithio yn un o **atyniadau**'r ddinas, sef twˆr

tacluso – to tidy up (you will also hear **cymoni** in South Wales)	
dodi – to put (**rhoi** is used in North Wales)	
para – to last	
yn ddiweddar – recently	
atyniad – an attraction	

uchel gyda **golygfeydd** bendigedig o'r lle. Roedd cyfarfod mawr yno heno, ac roedd Emma'n gweithio yn y gegin ac yn **gweini** bwyd.

Daeth hi allan o'r lifft am 5:55pm a rhedeg i'r gegin.

"Emma! Diolch byth. Wnei di helpu i **osod** y byrddau?" Roedd Crystal, pennaeth y gegin, yn nabod Emma'n dda. Roedd hi'n gallu gofyn i Emma wneud unrhyw beth, a byddai hi'n ei wneud yn syth.

"Wedi dechrau," atebodd Emma.

---
golygfa/golygfeydd – *view/s*

gweini – *to serve*

gosod – *to set*

Am bron i awr wnaeth hi ddim stopio. Am bum munud i saith roedd hi wrth y drws yn dal gwydrau siampên i roi croeso i'r bobl i'r cyfarfod. Gwenodd hi ar bobl bwysig y ddinas yn eu dillad drud wrth iddyn nhw ddod i mewn, a rhoi gwydryn a gwên i bob un.

Hedfanodd yr oriau heibio. Gweini bwyd, golchi llestri, **arllwys** gwin a chlirio'r byrddau. A cheisio gwenu drwy'r amser, gan obeithio cael *tip* ar y diwedd. Doedd dim amser ganddi hi i edrych allan drwy'r ffenestri mawr a gweld goleuadau'r ddinas yn dangos y Tyne fel llinell dywyll, yn torri drwy'r **tirlun**. **Llwyddodd** hi i fwyta ychydig o datws gyda grefi, a bwyta pwdin ar ddiwedd y noson.

Roedd hi wedi bod yn werth cyrraedd yn gynnar. Cafodd hi *tip* o £30 gan bobl y cyfarfod, ac am dri o'r gloch y bore, ar ôl gorffen golchi'r llestri a rhoi popeth yn ôl yn y cwpwrdd, rhoddodd Crystal £120 iddi hi.

"Diolch am gyrraedd yn gynnar. Rwyt ti wedi **achub** y dydd. Wyt ti eisiau llfft adre?"

"Dim diolch," oedd ateb Emma. "Dw i angen awyr iach, ac mae'r strydoedd yn ddigon **diogel** yr amser yma o'r nos. Bydd pawb wedi mynd i'r gwely."

Cerddodd hi adre'n araf. Roedd hi wedi blino, ond roedd hi'n hapus. Roedd digon o arian gyda hi i dalu am siaced

---

arllwys – *to pour* **(tywallt/tollti** *in North Wales)*

tirlun – *a landscape*

llwyddo – *to succeed*

achub – *to save*

diogel – *safe*

newydd sbon, a rhywfaint i'w roi i Mam i helpu gyda phrynu bwyd.

Roedd hi'n noson oer a chlir ac yn dechrau rhewi. Doedd ei siaced denau ddim yn ddigon i'w chadw'n gynnes.

Yn sydyn, sylwodd hi ar olau gwyrdd yn dechrau codi o'r gogledd. Roedd hi fel gwawr **werdd** yn codi'n hanner cylch ac yn llenwi'r awyr.

"Goleuni'r Gogledd," meddyliodd hi. Roedd hi wedi clywed am Oleuni'r Gogledd yn cyrraedd Newcastle o'r blaen, ond doedd hi erioed wedi ei weld ei hun.

Roedd **stribedi** o olau gwyrdd yn dawnsio'n wyllt, i fyny ac i lawr, ac o un ochr o'r awyr i'r llall. Roedd popeth yn y ddinas wedi troi'n wyrdd gyda'r sioe seicedelig.

Yna, gwelodd hi olau coch yn dechrau codi o'r chwith. Tyfodd y golau coch a llenwi'r awyr. Nawr, goleuadau coch oedd yn dawnsio yn yr awyr yn lle goleuadau gwyrdd. Teimlodd hi'n oerach a brysiodd adre.

Roedd hi wedi blino gormod i wneud dim byd ond brwsio'i dannedd a neidio i mewn i'r gwely oer, yn dal i wisgo ei chrys polo. Cyn diffodd y golau, chwiliodd ar ei ffôn am Oleuni'r Gogledd coch.

Roedd pobl yn arfer credu bod gweld Goleuni'r Gogledd coch yn arwydd bod rhywbeth drwg yn mynd i ddigwydd. Roedd pobl yn credu y byddai **rhyfel** *yn dechrau, neu rywun yn marw, ar ôl gweld y goleuadau coch.*

---

gwerdd – *gwyrdd (fem. form)*

stribedi – *strips*

rhyfel – *a war*

Ond roedd Emma wedi blino gormod i boeni am hynny. Caeodd ei llygaid a dechrau cysgu.

2
Y LLYFR

Roedd hi wedi 11:00 pan **ddihunodd** Emma. Roedd yr haul yn **disgleirio** gyda golau clir y gaeaf. Roedd ei phen yn teimlo'n drwm ar ôl noson hwyr. Cododd yn araf o'r gwely a gwisgo'i dillad. Aeth i'r gegin i wneud paned.

Roedd hi'n teimlo'n well ar ôl cael paned o de a thost. Edrychodd o gwmpas yr ystafell. Roedd y gegin a'r ystafell fyw yn un ystafell fawr. Roedd hen lythyrau a phost yn y gegin. Roedd **mygiau** ar y llawr, a blanced ysgafn o **lwch** dros bopeth. Roedd y ffenestri'n llwyd gyda mwg y ddinas y tu allan ac **ôl** coginio y tu fewn.

Doedd Mam ddim mewn iechyd da iawn, ar ôl cael cancr ychydig flynyddoedd yn ôl, felly roedd Emma yn ceisio helpu yn y tŷ pan oedd ganddi hi amser. Aeth hi drwy'r hen bapurau a llythyrau a rhoi popeth yn daclus mewn bocs. Roedd bocs metal coch lle roedd Mam yn cadw papurau pwysig, ond

---

dihuno – *to wake up (South Wales)* [**deffro** *in North Wales*]

disgleirio – *to shine*

mygiau – *mugs*

llwch – *dust*

ôl – *trace/s*

doedd y papurau heddiw ddim yn edrych yn bwysig. Byddai Mam yn gallu dewis beth fyddai'n mynd yn y bocs coch.

Edrychodd hi yn y cwpwrdd yn y gegin a gweld potel o finegr gwyn. Gwnaeth hi beli o bapur newydd a golchi'r ffenestri gyda finegr a phapur newydd. Edrychodd hi allan drwy'r ffenestri glân a gweld **pioden** ar y **gwifrau** trydan y tu allan.

Roedd Emma wastad wedi hoffi piod. Roedd plant yn yr ysgol yn dweud "un ar gyfer tristwch", ond roedd Mam wedi dysgu i Emma ddweud *helô* wrth y piod.

"Helô, Mr. Pioden," **meddai** Emma.

Yn anffodus, roedd y llwch yn yr ystafell yn edrych yn waeth gyda'r haul yn dod i mewn.

Roedd yr hwfer yn ystafell Mam. Cerddodd i mewn i'r ystafell.

"Emma? Ti sy' 'na?"

Saesneg roedd Mam yn ei siarad, wrth gwrs.

Roedd Janet Williams yn dod o Gymru yn wreiddiol, ond doedd hi ddim eisiau siarad am y lle. **Doedd hi byth yn mynd** i Gymru a byth yn siarad am y teulu yno. Doedd Emma ddim yn gwybod pwy oedd ei thad. Doedd hi ddim yn gwybod a oedd ganddi hi deulu **heblaw** ei mam.

Doedd Janet ddim yn edrych yn dda heddiw. Roedd hi'n

---

pioden/piod – *magpie/s*

gwifrau – *wires, cables*

meddai – *said*

doedd hi byth yn mynd – *she never went*

heblaw – *apart from, besides*

flinedig drwy'r amser ers cael y cancr. Roedd ei gwallt wedi tyfu'n ôl, ond gwallt llwyd, **difywyd** oedd ganddi hi nawr. Roedd ei hwyneb yn wyn heddiw. Roedd hi wedi bod yn **chwysu** yn y gwely.

"Mam! Do'n i ddim yn gwybod dy fod ti yn y tŷ. Wyt ti'n iawn? Ro'n i wedi penderfynu glanhau'r tŷ yn sypréis i ti."

"Mae annwyd arna i, dw i'n meddwl."

"Wyt ti eisiau rhywbeth? Paned o de?"

"Byddai paned yn braf."

"Wyt ti eisiau rhywbeth i fwyta? Tost?"

"Byddai paned yn ddigon, diolch, cariad."

Gwnaeth hi baned o de i Mam a dod â hi i mewn.

"Mae ofn arna i na fydd arian ganddon ni at yr wythnos hon, achos dw i ddim wedi mynd i'r gwaith."

"Paid â phoeni, Mam. Ges i ddigon o arian neithiwr i helpu i dalu am bopeth yr wythnos yma. Rhaid i ti aros yn y gwely a **chryfhau**."

Aeth Emma yn ôl at y glanhau. Ar ôl tacluso, penderfynodd hi ddechrau ar y dwstio. Roedd y dystars dan y sinc.

Penderfynodd hi ddechrau o'r top, clirio pob silff, a dwstio popeth yn **drylwyr**. Aeth hi at y silff lyfrau lle roedd hi a Mam yn rhoi popeth ac anghofio amdanyn nhw. Roedd popeth **wedi pentyrru ar ben ei gilydd**. Aeth hi i nôl cadair

---

difywyd – *lifeless*

chwysu – *to sweat*

cryfhau – *to become stronger (from **cryf** – strong)*

trylwyr – *thorough*

wedi pentyrru ar ben ei gilydd – *piled on top of each other*

o'r bwrdd bwyta a dringo i fyny. Rhoddodd ei llaw ar y silff a theimlo llyfr mawr. Tynnodd hi'r llyfr i lawr. Roedd e'n hen lyfr. Agorodd hi'r llyfr. Dim llyfr Saesneg oedd e. Roedd symbolau rhyfedd arno fe.

Poen. Doedd hi erioed wedi **dychmygu**'r fath boen. Teimlodd ei bysedd yn llosgi, ac yna'r boen yn mynd drwy ei chorff fel sioc drydan.

dychmygu – *to imagine*

Gwaeddodd Emma mewn sioc a **gollwng** y llyfr.

Rhedodd Mam i mewn i'r ystafell. Roedd hi'n dal i chwysu ac yn edrych yn sâl ofnadwy. Edrychodd hi ar Emma, yna ar y llyfr, a rhedeg allan o'r ystafell. Daeth hi'n ôl gyda blanced yn ei llaw.

Rhwymodd Mam y llyfr mewn blanced. "Dyw'r llyfr yma ddim i ti," meddai hi. "Does dim pwynt i bethau Cymraeg. Dim ond drwg sy'n dod o Gymru." Roedd Emma yn gwybod o edrych ar wyneb Mam bod dim siawns cael dysgu mwy. Aeth Mam yn ôl i'w hystafell wely gyda'r llyfr.

Felly Cymraeg oedd iaith y llyfr.

Y diwrnod hwnnw penderfynodd Emma ddysgu Cymraeg. Roedd hi'n ddigon hawdd, gyda phopeth ar-lein. Ond ddywedodd hi ddim byd wrth Mam.

---

gweiddi – *to shout, to yell*
(note the vowel change when the word is conjugated)

---

gollwng – *to drop*

---

rhwymo – *to wrap (South Wales)* **[lapio** *in North Wales]*

3
CANNWYLL CORFF

Doedd dim pwynt i Emma ddweud wrth neb am y llyfr. Pwy fyddai'n credu ei stori? A dweud y gwir, doedd hi ddim yn gwybod a oedd hi ei hun yn gallu credu beth oedd wedi digwydd. Ond roedd ei dwylo hi'n dal i gofio'r boen o agor y llyfr.

O fewn wythnos, roedd hi wedi llwyddo i stopio meddwl am y profiad y rhan fwyaf o'r amser.

* * *

Noson oer o Dachwedd oedd hi. Roedd Emma ac Adviya yn cerdded adre o'r ysgol. Roedden nhw'n cerdded yn erbyn y gwynt, a oedd yn **chwipio** hijab, sef sgarff pen Adviya, i bob cyfeiriad. Er bod rheolau'r ysgol yn gofyn i fyfyrwyr wisgo gwisg ysgol, doedd dim rheolau am hijabs, felly hijab coch oedd gan Adviya. Tynnodd Emma ei chôt yn **dynnach** ac edrych ymlaen at gael pryd poeth o fwyd yn nhŷ ei ffrind.

Tynnodd Emma ei hesgidiau wrth ddod i mewn i'r tŷ.

---

chwipio – *to whip*

tynnach – *tighter (from **tyn** – tight, but **yn dynn**)*

Roedd hi'n teimlo'n gartrefol yn syth, gydag **arogldarth** ysgafn yn rhoi croeso cynnes iddi hi. Roedd caligraffeg ar y waliau yn dawnsio croeso iddi.

"*Salam*, Ammi," gwaeddodd Adviya wrth dynnu ei hijab i lawr i'w hysgwyddau hi. "Mae Emma wedi dod adre gyda fi i astudio."

"*Salam*, Anti Khadija," meddai Emma wrth fam Adviya. Roedd teulu Adviya fel teulu arall iddi hi, ac felly 'Anti' ac 'Wncwl' roedd Emma yn galw ei rhieni.

"Walaikum Assalam," meddai Anti Khadija. "Dewch i mewn. Mae hi'n oer y tu allan. Mae *chai* gyda fi'n barod i chi gael **cynhesu**."

Teiliwr oedd Mrs. Khan. Roedd hi'n gweithio gartref yn **gwnïo**. Roedd ganddi hi fusnes da, ac roedd gweithio gartref yn ei siwtio hi tra oedd y merched yn yr ysgol. Roedd ei gŵr, Shazad, yn y busnes **mewnforio**. Roedd o'n cael **defnydd** lliwgar o Bacistan ac yn ei werthu yn y farchnad fawr.

Eisteddodd y merched ac yfed y *chai*. Roedd Alia, chwaer fach Adviya, yn eistedd yn yr ystafell fyw gyda'i llyfrau ysgol wedi'u cau'n barod – arwydd ei bod hi wedi gorffen ei gwaith ysgol.

Roedd chwaer **hŷn** Adviya, Aisha, yn gweithio wrth y

---

arogldarth – *incense*

cynhesu – *to warm (up) (from **cynnes** – warm)*

mewnforio – *to import (from **mewn** + **môr**)*

defnydd – *fabric*

hŷn – *older*

cownter colur mewn siop fawr yn y dref, a fyddai hi ddim adref tan yn hwyrach.

Ar ôl yfed y *chai*, aeth y merched i fyny i ystafell wely Adviya ac Alia, i weithio.

Roedd Emma ac Adviya wedi dod yn ffrindiau achos eu bod nhw'n mwynhau astudio. Roedd Adviya eisiau mynd yn feddyg, tra oedd Emma eisiau astudio'**r celfyddydau**. Ond gan fod y ddwy yn astudio Saesneg, roedden nhw'n **trysori**'r amser i astudio gyda'i gilydd.

Am 5:30 daeth Aisha, chwaer fawr Adviya, a Shazad Khan, tad Adviya, adref o'r gwaith. **Erbyn hynny**, roedd Adviya ac Emma wedi gorffen eu gwaith ysgol.

Eisteddodd y teulu wrth y bwrdd i fwyta'r stiw sawrus o gig eidion a thatws, gyda bara naan ffres wrth ei ochr. Er bod Emma fel arfer yn defnyddio'i llaw chwith, roedd hi'n defnyddio ei llaw dde yma, yn ôl y **traddodiad** Mwslemaidd.

Roedd Emma wrth ei bodd yn bwyta gyda'r teulu. Roedd yn hollol wahanol i gartref gyda hi a'i mam yn bwyta yn dawel o flaen y teledu. Roedd y teulu Khan yn siarad am eu diwrnod, am y newyddion, ac am ffrindiau gyda **mwmian** hapus yn llenwi'r awyr, a phawb yn dweud *bismillah* (yn enw Duw) wrth basio'r bwyd.

---

y celfyddydau – *the arts*

trysori – *to treasure*

erbyn hynny – *by then*

traddodiad – *tradition*

mwmian – *to mumble, to hum*

Ar ôl y pryd bwyd, aeth Emma i'r gegin gyda phawb arall, a golchi ei phlât yn y sinc gyda dŵr poeth a'i roi yn y cwpwrdd.

Gwyliodd Emma ac Adviya un rhifyn o'u hoff anime, *One Piece*, cyn i Emma adael yn gynnar, achos ei bod hi'n noson ysgol. Diolchodd i Anti Khadija a ffarwelio ag Adviya.

Roedd hi'n dywyll y tu allan. Doedd neb ar y stryd. **O leia'** roedd hi'n sych.

Ond efallai fod rhywun arall ar y stryd. Gwelodd Emma olau'n dawnsio **o'i blaen hi**. Roedd e fel golau torts yn mynd i fyny ac i lawr. Edrychodd hi tu ôl iddi hi, ond doedd neb yna. Ond roedd y golau yn aros yna o'i blaen.

---

o leia' – *at least*

o'i blaen hi – *in front of her*

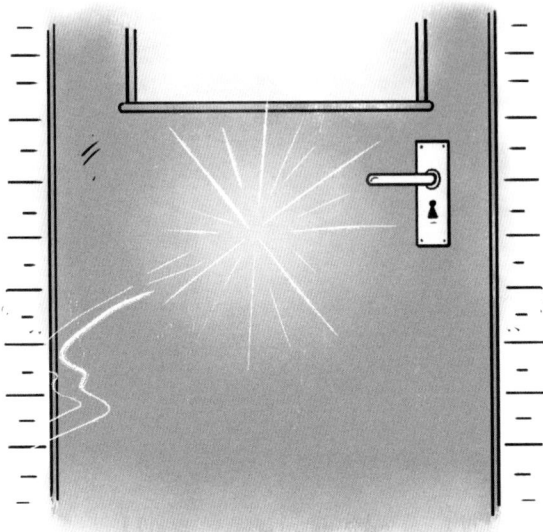

Arhosodd y golau o flaen Emma yr holl ffordd adre. Pan ddaeth hi i'r tŷ, gwelodd hi fod y golau ar y drws. Pan agorodd hi'r drws, gwelodd hi'r golau'n dawnsio at ddrws ei mam, a **diflannu**.

Clywodd Emma sŵn **anadlu** ei mam yn cysgu. Agorodd y drws yn dawel, a gweld y golau'n dawnsio uwchben ceg ei mam, a diflannu i mewn iddi hi. Doedd hynny ddim yn normal.

Doedd hi ddim yn gwybod beth i'w wneud. Doedd hi ddim eisiau deffro Mam. Beth fyddai hi'n ei ddweud? Felly caeodd y drws yn dawel a mynd i'r gwely.

Gweithiodd hi ar ddysgu Cymraeg gyda'r apiau, a cheisio rhoi ei meddwl ar rywbeth arall. Roedd strîc o 42 diwrnod gyda hi erbyn hyn, a doedd hi ddim eisiau colli hynny.

---

diflannu – *to disappear*

anadlu – *to breathe*

4
METHU SIARAD

Roedd Mam yn dal i gysgu pan gododd Emma i fynd i'r ysgol. Gwnaeth dost iddi hi ei hun, ac yfed paned o de. Rhoddodd y jar coffi, y siwgr a mŵg allan, i Mam gael coffi ar ôl deffro.

Wrth i Emma gael ei bag ysgol yn barod, daeth Mam allan. Roedd hi'n edrych wedi blino'n ofnadwy. Cofiodd Emma am y golau y noson gynt.

"Rwyt ti angen paned," meddai Emma, a rhoi dŵr poeth yn y mŵg gyda'r coffi a dau siwgr.

"Diolch, cariad," atebodd Mam, ac eistedd i lawr gyda'r mŵg yn cynhesu ei dwylo.

"Wyt ti'n gweithio heddiw?" gofynnodd Emma. "Rwyt ti'n edrych wedi blino."

"Mae gwaith glanhau gyda fi mewn awr," atebodd Mam, "ond dw i ddim ond yn gweithio yn y bore. Mae apwyntiad doctor gyda fi yn y prynhawn."

"**Oes rhywbeth o'i le?**" gofynnodd Emma.

"'Mond *check-up*," atebodd Mam.

Cofiodd Emma am y golau y noson o'r blaen.

"Mam, wyt ti erioed wedi clywed am olau yn mynd i lawr y stryd heb dorts na dim byd?"

Aeth wyneb Mam yn wyn.

"Beth wyt ti'n feddwl?"

"Dw i'n meddwl i mi weld rhywbeth neithiwr."

"Dydy pethau fel yna byth yn dda. Dwyt ti ddim wedi gweld dim."

Doedd dim amser i Emma ofyn mwy. Byddai hi'n hwyr i'r ysgol. Cododd ei phac a pharatoi i adael.

"Wela i di heno, felly."

* * *

Pan ddaeth Emma adre roedd Mam yn smygu y tu allan i'r tŷ.

"Mam. Dwyt ti ddim wedi dechrau smygu eto!"

"Beth ydy'r pwynt trio?" atebodd Mam.

Cofiodd Emma am yr apwyntiad doctor. "Sut aeth pethau gyda'r doctor?"

"Popeth yn iawn," atebodd Mam, ond doedd Emma ddim yn ei chredu hi.

Roedd Emma'n gwybod na fyddai digon o arian i brynu bwyd os oedd Mam yn gwario ar sigaréts. Edrychodd yn y gegin.

"Ffa pob ar dost yn iawn i de?"

"Diolch," meddai Mam.

Oes rhywbeth o'i le? – *Is there anything wrong?*

Eisteddodd y ddwy a gwylio rhaglen gomedi Americanaidd wrth fwyta. Ar ôl bwyta, aeth Emma i olchi'r llestri. Arhosodd Mam o flaen y teledu.

"Wyt ti'n iawn?" gofynnodd Emma.

"Ydw. Jest eisiau amser i fi fy hun."

Aeth Emma i'r ystafell wely a gwneud fel roedd hi wedi'i wneud erioed. Eisteddodd wrth ei desg a dechrau gwneud ei gwaith cartref. O fewn dim, roedd hi wedi anghofio am bopeth, heblaw am gyfieithu o'r Ffrangeg i'r Saesneg, yna o'r Saesneg i'r Ffrangeg. Pan gododd ei phen o'r gwaith, roedd hi'n hanner awr wedi deg.

Roedd Mam yn dal i fod o flaen y teledu. Gwnaeth Emma baned iddi hi yn ei hoff fŵg, sef yr un gydag aderyn yn hedfan yn rhydd. Roedd hi'n arfer dweud ei bod hi'n teimlo fel aderyn. Roedd hi'n gallu gweld trwbwl, ac **osgoi** trwbwl. Roedd hi fel aderyn eisiau hedfan yn yr awyr.

Daeth Emma â chardigan binc, fflwfflyd Mam iddi hi, a'i rhoi o gwmpas ei hysgwyddau.

"Wyt ti'n siŵr dy fod ti'n iawn?" gofynnodd Emma.

"Ydw. Ond mae hi wedi bod yn ddiwrnod blinedig."

"Paid ag aros ar dy draed yn rhy hwyr."

"Wna i ddim."

Unwaith eto, cyn mynd i gysgu, aeth Emma ar ei ffôn i weithio ar ei Chymraeg. Roedd hi'n dechrau gweld **patrwm** i'r treigladau, ond roedden nhw'n hollol wahanol i unrhyw beth roedd hi wedi'i ddysgu o'r blaen.

Pan aeth hi, o'r diwedd, i gysgu, dechreuodd hi

---

osgoi – *to avoid*

patrwm – *a pattern*

freuddwydio yn Gymraeg am y tro cyntaf. Roedd yna hen ddyn mewn dillad hen ffasiwn yn ceisio dweud rhywbeth wrthi hi, ond doedd hi ddim yn gallu clywed y geiriau.

"Eto, os gwelwch chi'n dda," dywedodd Emma.

Agorodd y dyn ei geg, ond doedd hi'n dal ddim yn gallu ei ddeall.

Defnyddiodd hi bob brawddeg roedd hi wedi'i dysgu gyda'r apiau.

"Dw i'n dysgu Cymraeg … Dw i ddim yn deall … Yn araf, os gwelwch yn dda."

---

breuddwydio – *to dream* (**breuddwyd** – *a dream*)

Ond doedd hi ddim yn gallu clywed na deall y geiriau. Yn y diwedd, **ysgydwodd** y dyn ei ben, a cherdded i ffwrdd.

Chafodd hi ddim noson dda o **gwsg**. Bob tro y byddai'n syrthio i gysgu, byddai hi'n gweld y dyn rhyfedd, yn edrych yn drist arni hi. Roedd fel tasai fe eisiau dweud rhywbeth pwysig, ond doedd hi ddim yn gallu ei ddeall.

Roedd ganddi **ben tost** yn y bore ar ôl dihuno.

---

ysgwyd – *to shake (note the change when the word is conjugated)*

cwsg – *sleep (noun)*

pen tost – *a headache (South Wales)* [***cur pen*** *in North Wales*]

5
CŴN ANNWN

Doedd Mam ddim yn iawn. Roedd y cancr wedi dod yn ôl a doedd dim ffordd i'w helpu hi y tro hwn.

Ar y dechrau, roedd hi'n gallu aros yn y tŷ. Roedd y tabledi'n ddigon i stopio'r boen. Roedd Emma'n gallu helpu trwy baratoi bwyd a dal i gario ymlaen gyda'r gwaith ysgol. Roedd arian yn dod i mewn gyda **thâl salwch** Mam, ond doedd Emma ddim yn mynd allan i weithio rhagor.

Ond, wrth gwrs, doedd hynny ddim yn gallu cario ymlaen.

Aeth Emma at Mam ac **awgrymu** cael nyrsys i mewn i'r tŷ.

"Na," atebodd Mam. "Rwyt ti'n ifanc. Rwyt ti angen byw dy fywyd dy hun."

"Ond dw i eisiau helpu. Dw i eisiau dy helpu di i aros yma."

"Dydy pethau ddim yn mynd i wella," meddai Mam. "Dw i ddim eisiau i ti fod yn gyfrifol amdana i yn y diwedd."

"Ond byddai'r nyrsys yn helpu."

"Dw i wedi penderfynu. Mae'r doctor wedi fy helpu i ffeindio hosbis ger tŷ'r teulu Khan a'r ysgol. Dw i wedi ffonio'r teulu Khan. Maen nhw'n hapus i ti aros gyda nhw."

---

tâl salwch – *sick pay*

awgrymu – *to suggest*

"Does gen i ddim llais yn y peth?"

"Ddim y tro yma. Bydda i'n hapus o wybod dy fod ti'n iawn. Yn anffodus, bydd rhaid i ti dyfu i fyny yn rhy gynnar. Fydda i ddim yn hapus os byddi di'n gyfrifol amdana i. Dw i ddim yn mynd i newid fy meddwl."

Dechreuodd Emma lefain. Doedd hi ddim yn barod am hyn.

"Un peth arall. **Fi sydd biau'r tŷ**. Roedd digon o arian gyda fi i brynu tŷ pan ddes i yma. Byddi di'n gallu cael arian ar ôl gwerthu'r tŷ."

Doedd Emma ddim eisiau meddwl am hynny. Doedd hi ddim eisiau i bopeth newid yn ei bywyd hi. Ond doedd ganddi hi ddim dewis.

Daeth y newid.

O fewn wythnos, roedd Mam wedi symud i'r hosbis. Aeth Emma i fyw gyda'r teulu Khan. Symudodd Alia i ystafell Aisha a dechreuodd Emma rannu ystafell wely Adviya. Aeth hi i'r hosbis bob dydd ar ôl yr ysgol, ac weithiau roedd hi'n gallu aros gyda'r nos yn yr hosbis.

O fewn wythnosau, galwodd nyrs yr hosbis Emma a dweud bod y diwedd yn agos.

Roedd Mam yn llawn tiwbiau. Roedd ei hwyneb hi'n wyn ac roedd hi'n chwysu. Aeth Emma ati hi a dal ei llaw.

"Mae'r diwedd yn agos," meddai Mam.

"Dw i ddim yn barod," meddai Emma.

"Weithiau does dim dewis. Dw i'n gwybod bod fy amser i'n dod. Wyt ti'n clywed yr **udo**?"

---

fi sydd biau'r tŷ – *I own the house*

udo – *to howl*

"Udo?"

"Dw i'n clywed Cŵn Annwn yn galw. Mae hynny'n **golygu** bod fy amser i'n dod."

"Cŵn Annwn?"

"Arwydd o **farwolaeth**, o Gymru. Ro'n i'n meddwl 'mod i wedi gadael popeth o Gymru yn bell y tu ôl i mi, ond mae hi'n **amlwg** bod pethau wedi dal i fyny gyda fi."

Doedd Emma erioed wedi clywed ei mam yn siarad cymaint am Gymru, ond roedd hi'n rhy hwyr i holi mwy.

"Byddi di'n iawn. Rwyt ti'n ferch glyfar ac rwyt ti'n berson da. Gwna rywbeth gyda dy fywyd – **yn wahanol i fi**."

golygu – *to mean*	
marwolaeth – *death*	
amlwg – *obvious*	
yn wahanol i – *unlike*	
(**gwahanol** – *different. Literally 'different to me'*)	

Siaradodd Mam ddim mwy. Doedd Emma ddim yn gallu stopio llefain, ac yn y diwedd rhoddodd hi ei phen i lawr a mynd i gysgu.

Doedd hi ddim yn siŵr beth oedd wedi ei dihuno. Efallai sŵn peiriannau'r hosbis yn tawelu. Efallai sŵn traed y nyrsys yn dod i mewn.

Ond roedd hi'n siŵr ei bod hi wedi clywed y sŵn. Sŵn cŵn yn udo.

Pan gododd ei phen, gwelodd fod Mam wedi gadael y byd hwn.

Daeth nyrs ac Anti Khadija i mewn. Rhoddodd Anti Khadija ei breichiau o gwmpas Emma.

"Mae'n amser i ti ddod adre," meddai hi.

Edrychodd Emma ar ei mam, dal ei llaw am y tro olaf, rhoi cusan ar ei boch, codi, a dechrau cerdded tuag at ei bywyd newydd.

6
RAMADAN

Wrth edrych nôl, doedd Emma ddim yn gallu cofio llawer o'r amser ar ôl colli ei mam.

Roedd hi'n gwybod ble byddai **tystysgrif geni** ei mam, sef yn y bocs metal coch gyda'r papurau pwysig. Roedd angen y dystysgrif ar gyfer yr **angladd**. Cafodd hi sioc o weld y dystysgrif. Sioned Williams, nid Janet, oedd enw Mam. Roedd hi **hyd yn oed** wedi gadael ei henw ar ôl yng Nghymru.

Dim ond teulu Adviya a chwpwl o athrawon oedd yn yr angladd.

Doedd dim llawer o bethau yn y tŷ i'w clirio. Roedd Emma eisiau dechrau ar y gwaith **ar ei phen ei hun**.

Dechreuodd ei llygaid **lenwi** wrth agor y drws a cherdded i mewn i'r tŷ. Roedd hi'n anodd meddwl na fyddai Mam byth yno eto.

---
wrth edrych nôl – *looking back*

tystysgrif geni – *a birth certificate*

angladd – *a funeral (South Wales)* [**cynhebrwng** *in North Wales*]

hyd yn oed – *even*

ar ei phen ei hun – *by herself*

llenwi – *to fill (up)*

Roedd Emma wedi symud ei phethau personol yn barod pan symudodd i fyw gyda theulu Adviya. Cododd gwpwl o lyfrau ac **addurniadau** o'r ystafell fyw. Paciodd hoff fŵg Mam. **Anadlodd yn ddwfn** wrth fynd i mewn i ystafell Mam. Roedd popeth yno, fel tasai hi'n mynd i ddod yn ôl ar unrhyw adeg.

Rhoddodd Emma ddillad Mam mewn bagiau du. Cadwodd gardigan binc, fflwfflyd Mam iddi hi ei hun. Dechreuodd dynnu'r dillad gwely. Teimlodd hi lwmp dan y matres.

Cododd hi'r matres a gweld y llyfr, wedi'i rwymo o hyd mewn blanced. Doedd hi ddim eisiau cyffwrdd â'r llyfr, ar ôl beth ddigwyddodd y tro diwethaf, ond doedd hi ddim eisiau taflu'r llyfr chwaith. Roedd e'n rhan o beth oedd ei mam hi. Roedd e'n rhan o'i hanes hi. Paciodd y llyfr, a oedd yn dal yn y blanced, i fynd gyda hi.

Aeth hi erioed yn ôl i'r tŷ.

---

addurniadau – *decorations*

---

anadlodd yn ddwfn – *(she) breathed heavily / took a deep breath*

Cawson nhw gwmni i glirio'r tŷ, a gofalodd Mr. Khan am werthu'r lle. Yn y diwedd, roedd gan Emma ddigon o arian i ddewis beth oedd hi eisiau ei wneud gyda'i bywyd.

Ond doedd hi ddim yn gwybod beth yn union eto.

Ceisiodd hi fynd yn ôl i'r ysgol, ond doedd hi ddim yn teimlo'n barod eto. Rhoddodd yr athrawon waith iddi hi, ond doedd hi ddim eisiau gwneud dim. Eisteddodd yn y tŷ, yn chwarae ar ei ffôn a cheisio anghofio am bopeth. Doedd hi ddim yn bwyta llawer, a ddim yn mwynhau bwyd pan oedd hi'n bwyta.

Bob dydd, ar ôl i bawb arall fynd i'r ysgol, byddai Anti Khadija yn tynnu'r defnyddiau allan a dechrau gwnïo yn yr ystafell fyw. Roedd y lliwiau a'r symud yn mesmereiddio Emma.

Ar ôl tipyn, dywedodd Anti Khadija, "Dwyt ti ddim yn gallu eistedd yma drwy'r amser. Beth am i ti **roi cynnig ar** wneud ychydig o wnïo dy hun?"

Doedd Emma erioed wedi dysgu dim byd **tebyg** o'r blaen, heblaw am wersi am un tymor yn yr ysgol gynradd, ond rhoddodd Anti Khadija ddarn o ddefnydd sbâr iddi, a dysgu iddi sut i roi **edau** yn y **nodwydd** a gwneud **pwythau** bach taclus. Roedd y gwaith yn ymlaciol, ac unwaith roedd Emma wedi dysgu'r sgiliau dechreuol, roedd hi'n dechrau

rhoi cynnig ar – *to give (it) a try*
tebyg – *similar*
edau – *thread*
nodwydd – *a needle*
pwythau – *stitches*

mwynhau ac anghofio am ei thristwch. Yna, rhoddodd Anti Khadija ddarn o ddefnydd i Emma wneud rhywbeth ei hun.

Dechreuodd Emma helpu Anti Khadija yn y tŷ tra oedd

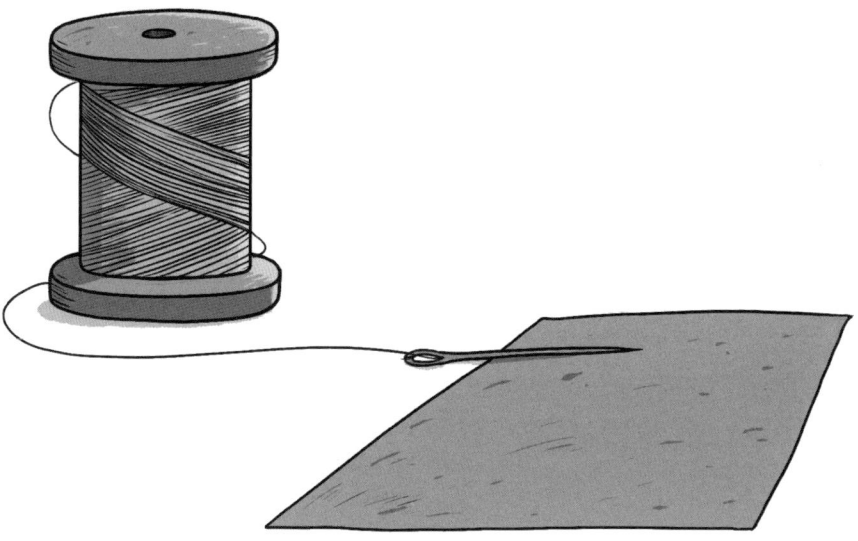

pawb arall i ffwrdd. Roedd hi'n gwybod sut i lanhau'r tŷ, ond dysgodd am y tro cyntaf sut i goginio bwyd ffres yn lle bwyd paced a thun.

Un dydd, ar ôl i bawb fynd allan, daeth Anti Khadija at Emma. "Fel rwyt ti'n gwybod, dan ni fel teulu Mwslemaidd yn dathlu Ramadan bob blwyddyn."

Cofiodd Emma am yr wythnosau bob blwyddyn pan doedd Adviya ddim yn bwyta yn ystod y dydd. Roedd y plant yn **cael hwyl am ei phen** ac yn ceisio gwneud iddi hi fwyta. "Fyddai neb yn gwybod," meddai'r plant, ond ateb

---

cael hwyl am ei phen – *to make fun of her*

Adviya bob tro oedd, "Byddwn i'n gwybod, a byddai Allah yn gwybod."

"Does dim **disgwyl** i ti **ymprydio** gyda ni, wrth gwrs," meddai Anti Khadija. "Dwed beth rwyt ti eisiau i ni ei brynu, a gwnaf i gael bwyd yn y tŷ i ti. Bydd digon o fwyd i bawb yn gynnar yn y bore ac ar ôl i'r haul **fachlud**.

Meddyliodd Emma. Doedd hi ddim wedi bod yn mwynhau bwyta llawer yn ddiweddar. Edrychodd ar Anti Khadija a gofyn, "Fyddai hi'n iawn i fi ymprydio yr un pryd? Dw i ddim yn Fwslim, ond byddwn i'n hapus i fod yn rhan o'r traddodiad."

Edrychodd Anti Khadija ar Emma yn **syn**. "Mae croeso i ti **ymuno â** ni, ond cofia, does dim rhaid i ti. Rwyt ti'n gallu newid dy feddwl os wyt ti eisiau."

Penderfynodd Emma godi'n gynnar yn y bore gyda'r teulu i fwyta, ond nid i **weddïo**. Rhywbeth personol i'r teulu oedd hynny.

Roedd hi'n sioc i'r system iddi ddeffro cyn y wawr a dechrau bwyta. Ond ar y llaw arall, roedd hi'n rhywbeth newydd i Emma gael eistedd gyda theulu wrth gael brecwast. Aeth Adviya i'r ysgol.

Roedd Emma yn teimlo'n flinedig drwy'r dydd, ac yn

disgwyl – an expectation (also **disgwyl** – to expect)	
ymprydio – to fast	
machlud – to set (of sun); also **machlud** – sunset	
syn – surprised	
ymuno â – to join	
gweddïo – to pray	

ffaelu **canolbwyntio** ar unrhyw beth. Doedd hi ddim wir yn teimlo eisiau bwyd, ac roedd hi eisiau cysgu. Unwaith roedd pawb gartre, ac Anti Khadija'n dechrau paratoi bwyd, roedd yr **arogleuon** yn gwneud iddi deimlo **chwant bwyd** go iawn am y tro cyntaf ers amser hir.

Pan ddaeth amser *ifftar*, neu **dorri'r ympryd**, ar ôl i'r haul fachlud, cymerodd pob un o'r teulu **ddaten**, a'i bwyta'n araf. Roedd y ddaten yn blasu'n well nag unrhyw beth roedd Emma wedi'i fwyta erioed. Eisteddon nhw a bwyta fel teulu. Dechreuodd Emma fwynhau bwyta unwaith eto.

Roedd y teulu'n mwynhau cymdeithasu gyda'u ffrindiau yn y tŷ neu yn y mosg ar ôl bwyta, a gweddïo a darllen y Quran, ond roedd Emma'n barod i fynd i'r gwely'n syth ar ôl bwyta.

Sylweddolodd Emma, ar ôl dau ddiwrnod o ymprydio, ei bod hi ddim yn gallu aros yn y tŷ heb fwyd a heb wneud dim byd. Penderfynodd fynd yn ôl i'r ysgol. Roedd hi'n anodd mynd yn ôl i'r ysgol ar ôl y cyfan oedd wedi digwydd, ond unwaith y dechreuodd hi ddarllen a gwneud yr **aseiniadau**, roedd hi'n hapus i fynd yn ôl i'r hen drefn.

canolbwyntio	*– to concentrate*
arogleuon	*– scents, smells*
chwant bwyd	*– appetite (North Wales –* **eisiau bwyd***)*
torri'r ympryd	*– to break the fast*
daten	*– a date (fruit)*
sylweddoli	*– to realise, to notice*
aseiniadau	*– assignments*

Aeth yr wythnosau heibio. Doedd hi ddim hyd yn oed yn meddwl am fwyd. Roedd patrwm i fywyd.

Y peth mwyaf **dieithr** iddi hi oedd gweld **cymuned** o bobl yn dod at ei gilydd. Roedd hi wedi arfer â chael dim ond hi a Mam yn y tŷ, yn bwyta bwyd parod o flaen y teledu. Roedd y teulu Khan yn dathlu *ifftar* fel teulu, a gyda ffrindiau oedd yn galw heibio. Weithiau, roedden nhw'n mynd i dai pobl eraill. Weithiau, roedden nhw'n codi bwyd o gaffi, ac yn gweld eu ffrindiau nhw i gyd yn gwneud yr un peth. Doedd hi erioed wedi profi bywyd mewn cymuned o'r blaen.

Aeth y teulu i'r mosg i ddathlu diwedd Ramadan, sef Eid ul-Fitr. Arhosodd Emma yn y tŷ, ond roedd diwedd Ramadan yn ddathliad iddi hi hefyd. Roedd hi wedi mynd drwy brofiad o fod yn rhan o deulu, yn rhan o gymuned. Roedd hi'n gwybod y byddai croeso iddi hi bob tro gyda theulu Adviya. Ond efallai, ryw ddydd, fe fyddai hi'n dod o hyd i gymuned y byddai hi'n **perthyn** iddi go iawn.

Pan ddaeth y teulu adre, ac ar ôl bwyta, dywedodd Emma, "Dw i'n gwybod nawr beth dw i eisiau ei wneud y flwyddyn nesaf. Dw i eisiau mynd i Gymru i astudio Cymraeg yn y brifysgol."

---

dieithr – *foreign, alien* (**diarth** *in North Wales*)

cymuned – *a community*

perthyn (i) – *to belong to*

7
Y FFORDD I GYMRU

Doedd hi ddim mor hawdd trefnu mynd i'r brifysgol. Roedd Adviya wedi bod yn paratoi i fynd yn feddyg ers amser hir, ac wedi cael ei derbyn i Brifysgol Glasgow, os byddai ei **graddau**'n ddigon da.

Roedd Emma eisiau mynd i Brifysgol Aberystwyth, achos roedd hi'n agos i'r lle roedd ei mam yn dod ohono'n wreiddiol. Efallai byddai hi'n perthyn yno.

Ffoniodd y brifysgol ac esbonio'i **sefyllfa**, a'r ffaith ei bod hi'n astudio iaith arall yn barod, ac wedi bod yn astudio Cymraeg ers misoedd. Roedd dewis rhwng gwneud **gradd** i ddechreuwyr pur neu gyda siaradwyr Cymraeg iaith gyntaf. Dywedodd ei bod hi'n barod i weithio'n galed ar ddysgu Cymraeg dros yr haf a gofynnodd a fyddai modd iddi roi cynnig ar fynd i'r **darlithiau** Cymraeg, a hefyd fynd i'r gwersi dysgu Cymraeg. Penderfynodd y brifysgol ei bod hi'n gallu gwneud hynny, os byddai ei graddau'n ddigon da. Gofynnodd

---

gradd/graddau – *grade/s*

sefyllfa – *a situation*

gradd – *a degree*

darlith/iau – *lecture/s*

Emma hefyd am gael aros mewn neuadd Gymraeg, i gael ymarfer yr iaith.

Daeth cyfnod yr arholiadau'n gyflym. Gweithiodd Emma ac Adviya'n galed, a helpodd Anti Khadija drwy **sicrhau** eu bod nhw'n bwyta'n dda, ac yn cael amser i ymlacio. Roedden nhw'n gwylio animes ar ddiwedd pob dydd i ymlacio cyn mynd i'r gwely.

Doedd yr arholiadau ddim yn teimlo'n rhy ofnadwy, o feddwl bod Emma wedi colli llawer o'r ysgol yn ystod y flwyddyn, ond doedd hi ddim yn gallu bod yn rhy siŵr.

Gofynnodd hi i Crystal a oedd hi'n gallu gweithio llawn amser yn y tŵr dros yr haf. Doedd hi ddim wir angen yr arian, ond roedd hi eisiau cadw'n brysur. Yn ei hamser sbâr wedyn, byddai hi'n astudio Cymraeg ac yn paratoi i fynd i'r brifysgol.

***

Roedd hi'n hanner nos, nos Fercher cyn y **canlyniadau**. Roedd Emma ac Adviya'n gwybod ei bod hi'n bosib edrych ar **safle** UCAS ar ôl hanner nos cyn y canlyniadau, a byddai'r brifysgol yn dweud a fydden nhw'n cael mynd yno ai peidio. Fydden nhw ddim yn gwybod y graddau, ond bydden nhw'n gwybod a fydden nhw'n mynd i'r brifysgol roedden nhw wedi ei dewis.

Clywodd Emma waedd yn dod o wely Adviya. Byddai

---

sicrhau – *to ensure*

canlyniadau – *results*

safle – *a (web)site*

hi'n mynd i Brifysgol Glasgow. Roedd Emma'n rhy **ofnus** i edrych ar ei ffôn. Roedd ei llaw o flaen y sgrin. Yn ara' deg, symudodd ei llaw a gweld ... ei bod hi'n mynd i Brifysgol Aberystwyth!

Codon nhw'n gynnar y bore wedyn i fynd i'r ysgol i gael y canlyniadau. Cafodd Adviya dair A mewn Bioleg, Cemeg a Mathemateg a B mewn Saesneg. Cafodd Emma C mewn Hanes, B mewn Saesneg ac A mewn Ffrangeg. Roedd hi'n hapus iawn gyda'r canlyniadau, **yn enwedig** o feddwl faint roedd hi wedi'i golli yn ystod y flwyddyn ddiwethaf.

ofnus – *scared, frightened, afraid*

yn enwedig – *especially*

Paratôdd Anti Khadija bryd arbennig o fwyd i ddathlu'r noson honno. Dim ond mis oedd ganddyn nhw i baratoi i adael.

* * *

Un bore Iau ym mis Medi, aethon nhw ag Adviya i Glasgow. Byddai Emma wedi hoffi mynd gyda nhw i weld y brifysgol, a'r neuadd lle byddai hi'n aros, ond doedd dim digon o le yn y car. Byddai hi'n gweld ei phrifysgol ei hun ddydd Sadwrn.

Cynigiodd Wncwl Shazad fynd ag Emma i Aberystwyth yn y car, ond roedd hi eisiau mynd ar ei phen ei hun ar y trên. Dim ond unwaith roedd angen newid trên, a hynny yn Birmingham.

Aeth Wncwl Shazad ac Anti Khadija ag Emma i'r orsaf i ddal y trên.

"Cofia fod cartref i ti gyda ni yma unrhyw amser rwyt ti eisiau dod yn ôl," meddai Anti Khadija wrth roi un cwtsh olaf i Emma.

"Dw i'n gwybod hynny," atebodd Emma. "Diolch am bopeth. Dych chi wedi bod yn deulu i fi."

"Cofia hynny," meddai Anti Khadija. "Teulu ydyn ni nawr."

Roedd Emma wedi cadw sedd ar y trên ger y silffoedd bagiau. Cododd ei llaw ar Anti Khadija ac Wncwl Shazad wrth i'r trên adael yr orsaf. Methodd â chadw'r **dagrau** yn ôl.

* * *

---

cynnig – *to offer*

dagrau – *tears*

Trên llai oedd yn mynd o Birmingham i Aberystwyth. Roedd Emma yn eistedd yn y cefn ac yn edrych allan drwy'r ffenest. Roedd rhai o'r bobl ifanc eraill yn edrych fel myfyrwyr hefyd, gyda bagiau mawr a phawb ar eu ffonau. Trodd yr olygfa o ganol dinas i fryniau gwyrdd, ac yna, ar ôl mynd trwy dref **Amwythig**, croesodd Emma y **ffin** i Gymru am y tro cyntaf.

Roedd cyrraedd Cymru yn deimlad rhyfedd. Roedd Emma wedi disgwyl teimlo'n **gynhyrfus**, ond **mewn gwirionedd**

Amwythig – *Shrewsbury*

ffin – *a border*

cynhyrfus – *excited*

mewn gwirionedd – *actually*

doedd dim **cyffro** o gwbl. Wrth gyrraedd Cymru, roedd hi'n teimlo'n braf ac yn ymlaciedig. Sylwodd hi ar bioden yn hofran yn llawen yn yr awyr. "Prynhawn da, Mr. Pioden," **sibrydodd** Emma yn dawel, wrth weld yr aderyn yn hedfan yn ôl ac ymlaen o'r dde i'r chwith ac yn ôl eto.

Dechreuodd y bryniau agor. Gwelodd Emma Fôr Iwerddon yn y pellter. Roedd hi'n **gyfarwydd â** gweld Môr y Gogledd, ond doedd hi erioed wedi bod mor bell â hyn i'r gorllewin o'r blaen. Roedd diwedd y daith yn agos, a dechreuodd Emma deimlo'n gyffrous.

Gwelodd bioden arall yn aros amdani yng ngorsaf Aberystwyth. Roedd hi'n gwybod mai pioden wahanol oedd hon, ond roedd gweld yr aderyn cyfarwydd hwn yn codi ei chalon.

Roedd bws yn aros i fynd â'r myfyrwyr i'r neuaddau. Emma oedd yr unig un oedd yn mynd i Neuadd Pantycelyn, sef y neuadd Gymraeg. Pan gyrhaeddodd hi yno, roedd y **pwyllgor** croeso'n aros amdani hi. Cafodd amserlenni, **gwahoddiadau**, a llawer o bethau am ddim, a bag i gario'r cyfan. Aeth un o'r myfyrwyr ail flwyddyn â hi i fyny i'r ystafell.

Roedd hi'n falch o gyrraedd ei hystafell a chau'r drws ar bopeth. Roedd hi wedi bod yn ddiwrnod hir a gormod wedi digwydd. Edrychodd hi allan drwy'r ffenest a gweld Môr

---

cyffro – *excitement*

sibrwd – *to whisper*

cyfarwydd â – *familiar with*

pwyllgor – *a committee*

gwahoddiadau – *invitations*

Iwerddon yn y pellter. Ac ar goeden **gyfagos**, roedd pioden yn sefyll, yn edrych arni hi. Gwenodd Emma. Roedd popeth yn mynd i fod yn iawn.

cyfagos – *nearby*

8
DECHRAU PERTHYN

Edrychodd Emma o gwmpas yr ystafell fach. Roedd popeth yno iddi hi: gwely, desg, silff lyfrau, cadair a golygfa o'r môr. Doedd y waliau gwag ddim yn broblem iddi hi. Rhoddodd lun ohoni hi a Mam ar y cwpwrdd wrth ochr y gwely. Tynnodd ei **gliniadur** allan a'i osod ar y ddesg. Agorodd ei WhatsApp ar y gliniadur. Anfonodd neges 'Wedi cyrraedd. Diolch am bopeth' at Anti Khadija ac anfon neges arall at Adviya.

"Wedi cyrraedd. Wyt ti ar gael i siarad?"

"Ydw."

Gwasgodd yr eicon fideo a galw Adviya.

"Ti 'di cyrraedd," meddai Adviya. "Sut mae pethau?"

"Dw i yn fy ystafell i," atebodd Emma. "Dw i'n gallu gweld y môr o fy ffenest." Trodd y sgrin i Adviya gael gweld.

"Coedwig sy' gen i," meddai Adviya. "Mae'r coridorau'n **gul** iawn ac yn dywyll ar y ffordd i'r ystafell, ond mae hi'n iawn unwaith dw i i mewn."

"Does dim problemau gyda choridorau yma."

---

gliniadur – *a laptop*

gwasgu – *to press*

cul – *narrow*

"Wyt ti wedi cwrdd â rhywun eto? Wyt ti wedi cael cyfle i siarad Cymraeg?"

"Dim ond y pwyllgor croeso. Maen nhw eisiau mynd allan am 'pyb crôl' heno, ond dw i ddim yn ffansïo hynny."

"Mi fyddi di'n gallu gwneud ffrindiau sy'n hoffi'r un pethau wrth ymuno â chlybiau. Dw i wedi ymuno â'r Clwb Anime, y Gymdeithas Islam a'r Clwb Cerdded. Ro'n i'n meddwl 'mod i angen gwneud yn siŵr 'mod i'n cael ymarfer corff yn y lle yma. Dydy'r bwyd ddim yn iach iawn, ac mae sglodion yn opsiwn bob dydd!"

"Dw i ddim wedi cael dim i'w fwyta yma eto," meddai Emma.

Ar hynny, daeth cnoc ar y drws. "Well i mi fynd," meddai Emma. "Mi ffonia i'n nes ymlaen."

"Dewch i mewn," meddai.

Daeth merch gyda gwallt coch tywyll i mewn i'r ystafell. Roedd hi'n cario bocs.

"Heia," meddai hi. "Bethan dw i. Dw i yn y stafall drws nesa. Tisio cacan gartra?" **Estynnodd** y bocs tuag at Emma.

Edrychodd Emma y tu fewn i'r bocs. Roedd yn llawn cacennau cartref llawn eisin siocled.

Cymerodd un a chyflwyno'i hun.

"Diolch yn fawr. Emma dw i."

"O le wyt ti'n dŵad, Emma?"

"Dw i'n dod o Newcastle upon Tyne. O le dych chi'n dod?"

Teimlodd Emma embaras o sylwi ei bod hi wedi defnyddio 'chi' yn lle 'ti'. Hwn oedd y tro cyntaf iddi hi gael sgwrs go iawn yn Gymraeg, a doedd y geiriau ddim yn dod yn naturiol.

"O Newcastle? Rwyt ti wedi dysgu Cymraeg?" Dechreuodd Bethan siarad yn fwy araf.

"Ydw. Ond, os gwelwch yn dda, wnei di siarad yn normal gyda fi? Dysgais i Ffrangeg yn yr ysgol, a dw i'n gwybod bod rhaid i'r glust ddysgu iaith. Hefyd, dwed wrtha i os dw i'n dweud rhywbeth yn anghywir."

"Wel llai o'r 'os gwelwch yn dda' os wyt ti isio swnio'n naturiol. 'Os gweli di'n dda' sy'n iawn ar gyfer 'ti', ond mae pawb yn deud 'plis'."

"Diolch. O le rwyt ti'n dod?"

"Dw i'n dŵad o Ben-y-groes yn y gogladd."

"Ro'n i'n meddwl dy fod ti'n dod o'r gogledd."

"So, be ti'n neud yn Aber?"

"Dw i wedi dod i astudio Cymraeg."

"Cymraeg! A finna. Pam nest ti benderfynu dysgu Cymraeg?"

---

estyn – *to extend*

"Roedd Mam yn dod o Gymru. Dw i'n gwybod bydd angen i mi weithio'n galed, ond dw i'n mwynhau astudio."

"Rwyt ti'n neud yn **champion** yn barod. Ti 'di meddwl be tisio neud heblaw am astudio?"

"Dw i ddim yn ffansïo mynd ar y pyb crôl. Dw i ddim yn yfed llawer o alcohol. Mae fy ffrind i, sydd yn y brifysgol yn Glasgow, yn mynd i'r Clwb Anime. Mae hynny'n swnio'n hwyl. Efallai rhywbeth gydag ymarfer corff hefyd."

"Anime ydy petha fatha *Spirited Away* a *Pokemon*, ia?"

"Ie, ond mae llawer mwy iddo fe na hynny. Mae'n dipyn o gel–" Roedd pen Emma yn dechrau troi ar ôl siarad cymaint o Gymraeg am y tro cyntaf ac roedd y gair wedi diflannu. "Mae'n dipyn o **gelfyddyd**."

"Hmm. Diddorol. Wnesh i erioed feddwl amdano fo fel'na."

"A be wyt ti'n mynd i neud yn dy amser sbâr?"

"Dwn i'm eto. Y Gymdeithas Gymraeg, siŵr o fod. Ella Clwb **Sgwennu Creadigol**. Wna i weld be sy' 'na."

"Mae gormod o ddewis."

"Gwranda, dw i'n gweld dy fod yng nghanol tynnu petha allan o fagia. Os tisio, mi wna i alw i ni fynd am de efo'n gilydd nes ymlaen."

"Bendigedig. Diolch."

Mewn gwirionedd, **i ryw raddau**, roedd Emma'n hapus o weld Bethan yn gadael. Roedd hi'n hoffi'r ferch yn fawr, ond

---

celfyddyd – *(an) art*

ysgrifennu/sgwennu creadigol – *creative writing*

i ryw raddau – *to a certain degree*

roedd siarad Cymraeg am gymaint o amser yn flinedig iawn. Roedd yn sioc i'r system.

Tynnodd hi bopeth allan o'r bagiau, a dodi'r dillad yn y cypyrddau. Rhoddodd ei llyfrau ar y silffoedd. Ond rhoddodd y llyfr peryglus o dan y matres. Gorweddodd ar y gwely a syrthio i gysgu am dipyn.

Roedd hi'n barod pan gnociodd Bethan ar y drws ac aeth y ddwy i lawr i fwyta.

***

Aeth **Wythnos y Glas** yn gyflym. Penderfynodd Emma ymuno â'r Clwb Anime a'r Gymdeithas Gymraeg. Ymunodd â'r Grŵp Ioga i gael rhywfaint o ymarfer corff. Penderfynodd

Wythnos y Glas – *Freshers' Week*

Bethan ymuno â'r Clwb Anime gydag Emma. "Ella bydd o'n **ysbrydoliaeth** i'r sgwennu creadigol," meddai hi.

Dechreuodd Emma wneud mwy o ffrindiau yn y Neuadd. Roedd hi'n mynd yn fwy naturiol i siarad Cymraeg gyda phawb, ac ar ôl gwrando ar bobl eraill, dechreuodd hi newid ei hacen fel ei bod hi'n swnio'n fwy fel Cymraes a llai fel cyfrifiadur.

Roedd y darlithiau'n rhywbeth gwahanol. Roedd cymaint o eirfa newydd fel nad oedd Emma yn gallu cymryd popeth i mewn. Doedd hi ddim wedi clywed llawer o'r enwau o'r blaen pan oedden nhw'n siarad am **lenyddiaeth**. Ond sylweddolodd yn fuan fod yr iaith mor ffonetig fel ei bod hi'n gallu ysgrifennu'r geiriau heb eu deall, yna edrych yn y geiriadur ar ôl y ddarlith i weld beth yw'r **ystyr**.

Roedd hi'n lwcus ei bod hi'n dysgu ioga, achos roedd hi'n ei chael hi'n anodd ymlacio a chysgu. A phan oedd hi'n cysgu, yn aml iawn roedd hi'n gweld yr hen ddyn hen ffasiwn yn ei breuddwydion eto yn ceisio siarad â hi, a hithau byth yn ei ddeall.

---

ysbrydoliaeth – *(an) inspiration*

llenyddiaeth – *literature*

ystyr – *a meaning*

9
GWREIDDIAU

Hedfanodd y mis cyntaf. Rhwng darlithiau, ysgrifennu nodiadau wedyn, a darllen **testunau**, doedd dim llawer o amser i Emma wneud dim byd arall. Siaradodd ag Adviya yn aml, ond roedd hithau'n brysur iawn hefyd gyda'i gwaith. Ar ddiwedd pob dydd, roedd hi wedi blino cymaint byddai'n mynd i gysgu'n sownd.

Byddai hi'n mynd i'r Gymdeithas Anime bob nos Wener, a theimlo ei bod yn rhannu profiad gydag Adviya, a oedd yn mynd i'r un gymdeithas yn Glasgow. Roedd digon yn digwydd yn y Neuadd hefyd.

Gorfododd ei hun i fynd i'r dref bob dydd. Roedd hynny'n sicrhau ei bod hi'n cael awyr iach ac ymarfer corff, ond hefyd gorfododd ei hun i fynd i mewn i siopau a siarad gyda phobl y tu allan i'r brifysgol. Roedd yn anodd dringo'n ôl i fyny'r **allt serth** ar y dechrau, ond yn fuan roedd hi'n cerdded yn gyfforddus, ac yn edrych ymlaen at ei thaith.

---

testunau – *texts*

gorfodi – *to force*

allt serth – *a steep hill*

Un siop roedd hi'n ei hoffi oedd popty hen ffasiwn yn gwerthu bara a chacennau. Doedd hi ddim bob tro wir eisiau cacen, ond roedd hi'n mwynhau siarad gyda Marged, y perchennog. Doedd Marged byth yn troi i'r Saesneg pan fyddai Emma'n siarad. Roedd hi'n groesawgar ac yn **amyneddgar**.

Pan aeth Emma i mewn y tro cyntaf roedd hi wedi paratoi. "Bore da. Ga i gacen hufen, os gwelwch yn dda?"

"**Pwy** un y'ch chi moyn?"

"Hwnna." Pwyntiodd Emma.

"Y'ch chi ei moyn hi mewn bag neu focs?"

"Bag, os gwelwch yn dda."

"Dyma chi. Diolch."

Erbyn hyn, roedd hi wedi bod yn gwrando ar gwsmeriaid eraill, ac roedd y sgwrs yn **llifo**'n fwy naturiol.

"Helô. Shwd y'ch chi heddi?"

"Olreit, diolch. A chithe?"

"Reit dda."

"Mae'n ffein heddi."

"Odi, mae hi. Gobitho naiff hi bara."

"Be sy' 'da chi heddi?"

"Mae teisennod bach afal a hufen 'da ni heddi."

"Grêt. Tria i un o'r rheini, plis."

"Dyma chi."

---

amyneddgar – *patient*

pwy – *note that in many parts of South Wales people use **pwy** instead of **pa** to express 'which'*

llifo – *to flow*

"Diolch. Wela i chi fory."
"Da boch, nawr."

* * *

Un bore Sadwrn, daeth Bethan i mewn i ystafell Emma. Roedd Emma'n eistedd o flaen ei gliniadur yn edrych ar ffotos o gaeau gwyrdd a bryniau tonnog.

"Ar be ti'n sbio?"

"Roedd Mam yn dod o bentref o'r enw Cwrtycadno. Dw i'n edrych ar ffotos o'r lle."

"Cwrtycadno! Cartre Dr. Harries?"

"Hmm?"

"Dw i ddim yn cofio llawar, ond roedd o'n rhyw fath o **ddewin** 'stalwm."

"Do'n i'm yn gwybod hynny."

"Mae pawb wedi clywed yr enw, ond fel deudis i, dw i ddim yn cofio lot fawr. Mae'n siŵr bod popeth amdano fo ar-lein."

"Edrycha i i weld beth sydd yno."

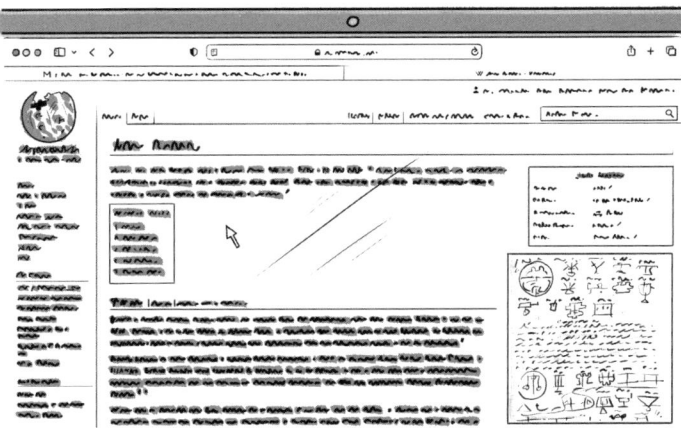

"Sbia. Pa mor bell ydy o?"

Aeth Emma ar fapiau a gweld mai tua 35 milltir oedd y daith.

"Gwranda. Mae gynna i gar. Tisio mynd yno wsnos nesa?"

"Diolch. Tala i am y petrol – a chinio."

"Mi **wneith les** i ti a fi fynd allan o'r dre 'ma."

"Gwnaiff."

* * *

---

dewin – *a wizard*

gwneud lles – *to do (you) good (**lles** = benefit)*

Yn ystod yr wythnos nesaf, darllenodd Emma am Dr. Harries. Doedd pawb ddim yn cytuno ar bopeth, ond dysgodd hyn amdano fe:

*Cafodd John Harries ei eni yn 1785. Roedd e'n byw mewn ffermdy o'r enw Pant-coy yng Nghwrt y Cadno. Roedd e'n **honni** ei fod e wedi astudio meddygaeth yn **Rhydychen**, a galwai ei hun yn 'Ddoctor'. Roedd pobl yn adnabod Dr. Harries fel rhywun oedd yn gwella pobl, ond hefyd fel tipyn o seicic, er enghraifft roedd e'n gallu dweud pwy oedd wedi **llofruddio** rhywun, neu ble i ddod o hyd i gorff person marw. **Bu farw** ar 11 Mai 1839.*

Roedd pobl yn dweud mai Dyn Hysbys, neu 'Cunning Man', oedd e.

Dechreuodd Emma feddwl am y llyfr oedd yn cuddio dan ei matres, ond doedd hi ddim eisiau creu ffantasi yn ei phen am y doctor nac am y llyfr.

---

honni – *to allege, to claim*

Rhydychen – *Oxford (***Rhyd** = *ford /* **ychen** = *oxen)*

llofruddio – *to murder*

bu farw – *died*

10
YR ADFAIL

Roedd haul yr hydref yn **tywynnu** wrth i Emma a Bethan adael Aberystwyth y dydd Sadwrn wedyn.

"Dw i'n mynd â chdi'r ffordd hir, i lawr yr **arfordir**, er mwyn i ti gael gweld yr olygfa," meddai Bethan.

Doedd Emma ddim yn gallu credu ei llygaid wrth i'r car adael Blaen-plwyf. Roedd yr olygfa yn anhygoel. Roedd hi'n gyfarwydd ag arfordir **garw** Môr y Gogledd, ond roedd y bryniau a'r **penrhynnau** gwyrdd yn **ymestyn** tua'r môr yn rhywbeth hollol newydd. Gwelodd hi fwy nag un **barcud** yn hedfan uwchben.

Mynnodd fod Bethan yn stopio fwy nag unwaith iddi gael tynnu ffotos i'w rhannu gydag Adviya.

Ar ôl troi'r car i'r chwith yn Aberaeron, gwelodd Emma

---

tywynnu – *to shine, to gleam, to glimmer*

arfordir – *a coast (from **ar** – on + **môr** – sea + **tir** – land)*

garw – *rough*

penrhyn/nau – *peninsula/s, headland/s*

ymestyn – *to stretch*

barcud – *a kite (both bird and toy)*

mynnu – *to insist*

fwy o goed yn tyfu, a'r lonydd yn dechrau cau. Stopion nhw yn Llanbedr Pont Steffan i gael cinio, yna fe aethon nhw i lawr am bentref Pumsaint.

Doedd Emma ddim yn gyfarwydd â lonydd mor gul a **throellog**. Dechreuodd bwyso yn ôl o'r ffenest bob tro roedd y lôn yn cau, ond chwerthin wnaeth Bethan, oedd wedi teithio ar lonydd fel hyn ers iddi ddechrau gyrru.

"Bydd yn ofalus!" meddai Emma, wrth weld bod y ffordd yn ymyl allt serth.

"Mae gynnon ni ddigon o le," atebodd Bethan.

Erbyn cyrraedd yr arwydd yn eu croesawu i Gwrtycadno, roedd Emma'n teimlo'n **swp sâl**. Parciodd Bethan wrth ymyl y capel ar y groesffordd.

---

troellog – *winding, twisting*

swp sâl – *really ill*

"Be nesa?" gofynnodd Bethan.

"Ydyn ni'n gallu cerdded i fyny'r lôn i weld Pant-coy?"

"Syniad da."

Roedd y **cloddiau** wedi tyfu'n fawr wrth ymyl y ffordd. Roedd y ffordd yn dringo i fyny rywfaint. Gwelodd Emma **fwyar duon** sych ar **frigau**'r **llwyni**. Roedd hi'n falch nad oedden nhw yn y car.

"Mi ddylai Pant-coy fod ar y chwith."

Edrychodd y merched i'r chwith. Roedd Pant-coy wedi cael ei **adnewyddu**. Doedd y lle ddim yn edrych yn arbennig iawn, a theimlodd Emma braidd yn **siomedig**.

"Wyt ti'n iawn?" gofynnodd Bethan.

"Ro'n i'n disgwyl teimlo rhywbeth o weld y tŷ, ond na. Dw i ddim yn teimlo dim."

"Dw i ddim yn meddwl bod pobl yn cael teimlad bob tro maen nhw'n ymweld â lle. Ella dy fod ti'n disgwyl gormod. Dwyt ti ddim hyd yn oed yn gwybod os oedd dy fam yn dŵad o Bant-coy."

"Na. Mae hynny'n wir. Falle 'mod i'n disgwyl teimlo rhywbeth wrth ddarllen am y lle. Well i ni fynd yn ôl."

---

clawdd/cloddiau – *hedge/s (South Wales)*

[gwrych/oedd in North Wales]

mwyar duon – *blackberries (note that **duon** is the plural form of **du**)*

brigyn/brigau – *branch/es*

llwyn/i – *bush/es*

adnewyddu – *to renovate, to restore*

siomedig – *disappointed*

Cerddodd y ddwy yn ôl i'r car. Roedd **awel** yr hydref yn dechrau **brathu**. Roedd Emma'n teimlo ar goll. Roedd hi'n teimlo fel tasai hi wedi colli rhywbeth.

"Beth am i mi yrru adre'r ffordd arall?" awgrymodd Bethan.

"Iawn."

Dilynodd y car lôn gul, droellog arall. Dechreuodd Emma deimlo'n sâl.

"Oes rhywle 'dyn ni'n gallu stopio? Dw i ddim yn teimlo'n dda." Agorodd hi'r ffenest i gael awyr iach.

Arafodd Bethan y car a dechrau chwilio am rywle i stopio. **Ymhen hir a hwyr** gwelodd hi **gilfan** a thynnu draw.

Neidiodd Emma allan. Roedd ei phen yn troi. Pwysodd yn erbyn y car.

"Wyt ti'n iawn?"

"Dw i ddim yn gwybod beth ddaeth drosto i."

Dechreuodd ei phen glirio ac edrychodd o gwmpas.

Roedd **llwybr cyhoeddus** wrth y gilfan, oedd yn arwain i fyny allt at goedwig fach.

"Ydyn ni'n gallu cerdded ar y llwybr am rywfaint?"

Cerddodd y ddwy ymlaen. Roedd Emma wrth ei bodd yn edrych i lawr, wrth weld y bryniau gwyrdd a'r **clytwaith** o

awel – *a breeze*	
brathu – *to bite*	
ymhen hir a hwyr – *after a bit*	
cilfan – *a layby*	
llwybr cyhoeddus – *a public footpath*	
clytwaith – *a patchwork*	

gaeau. Roedd gwartheg a defaid yn **pori** yn y caeau ac roedd arogl cryf cefn gwlad yn llenwi'r awyr.

Daeth pioden uwchben. Sibrydodd Emma **gyfarchiad** i'r aderyn. Yna, aeth y llwybr cyhoeddus i mewn i'r goedwig.

"Tybed ydy hi'n werth mynd i mewn?"

"Does neb wedi bod yma ers talwm."

Roedd **tyfiant** dros y llwybr.

"Ydyn ni'n gallu mynd ar hyd y llwybr?"

"Wyt ti isio?"

"Ydw."

Aeth Emma yn ei blaen. Roedd y **drain** yn ceisio crafu ei choesau a'i breichiau, ond roedd ei chôt law yn eu cadw i ffwrdd. Yna, cododd frigyn i fwrw'r drain i'r ochr wrth fynd ymlaen.

"Beth sydd yma?"

"Mae'n edrych fel rhyw fath o **adfail**."

Wrth iddyn nhw ddod yn agos, gwelon nhw hen gapel neu eglwys wedi troi'n adfail ers talwm iawn. Roedd y coed wedi tyfu'n uchel o gwmpas yr adeilad, felly roedd popeth yn dywyll. Doedd dim drws na ffenestri ar ôl. Cerddodd y ddwy i mewn drwy dwll y drws a gweld bod llawr carreg yn dal yno, gyda thipyn bach o **laswellt** yn tyfu drwy'r craciau.

---

pori – *to graze*

cyfarchiad – *a greeting*

tyfiant – *growth*

drain – *thorns* (**draenen** – *one thorn*)

adfail – *a ruin*

glaswellt – *grass*

Y waliau roddodd y sioc fwyaf iddyn nhw. Roedd rhywun wedi peintio symbolau drostyn nhw i gyd gyda phaent coch.

"Sbwci," meddai Bethan. "Mae'n edrych fatha ffilm arswyd."

Doedd Emma ddim yn gallu siarad. Roedd hi'n teimlo rhywbeth, o'r diwedd, ond doedd e ddim yn rhywbeth **dymunol**. Roedd y lle yma'n bwysig, ond doedd hi ddim yn

---

dymunol – *pleasant*

gwybod pam roedd e'n bwysig. Ond roedd hi'n hollol sicr o un peth: roedd hi wedi gweld y symbolau o'r blaen. Roedd hi wedi gweld y symbolau yn y llyfr, y llyfr oedd wedi llosgi ei bysedd amser mor hir yn ôl yn Newcastle.

Dechreuodd hi **grynu**. "Beth am i ni adael," meddai.

Doedd hi ddim yn gallu esbonio dim wrth Bethan. Fyddai hi byth yn credu beth oedd wedi digwydd iddi hi. Felly ddywedodd hi ddim byd.

Roedd Bethan yn ddigon sensitif i sylwi bod Emma wedi ypsetio ac ofynnodd hi ddim beth oedd yn bod.

Ychydig iawn siaradodd Emma ar y ffordd yn ôl.

Roedd hi'n hapus o weld yr arfordir a'r môr, ac yn fwy hapus o gyrraedd Aberystwyth a mynd i fyny'r allt am Neuadd Pantycelyn o'r diwedd.

Diolchodd hi i Bethan wrth adael y car. Cerddodd y ddwy'n ôl i'r Neuadd ac i fyny'r grisiau i'w hystafelloedd.

"Tisio paned?" gofynnodd Bethan wrth iddyn nhw gyrraedd eu drysau.

"Dim diolch," atebodd Emma. "Dw i'n teimlo tipyn bach yn sâl ar ôl teithio yn y car. Dw i'n barod i roi fy mhen i lawr. Diolch am bopeth heddiw."

"Diolch i ti. Mae wedi bod yn dipyn o **antur** a dw i wedi gweld llawar o betha newydd."

Doedd Emma ddim eisiau mynd i gysgu, mewn gwirionedd. Roedd hi'n rhy ofnus o'i breuddwydion. Doedd hi ddim eisiau gweld yr hen ddyn gyda barf yn ceisio siarad â hi eto. Roedd hi'n eitha sicr ei bod hi'n gwybod pwy oedd e.

---

crynu – *to shake, to shiver, to tremble*

antur – *an adventure*

Ond yn y diwedd roedd hi wedi blino gormod i aros yn effro dim mwy. Gwnaeth dipyn bach o ymarferion ioga i ymlacio, ac roedd hi'n cysgu o fewn munud wedi i'w phen gyrraedd y **glustog**.

clustog – *a pillow*

11
Y DRWS YN AGOR

Ddigwyddodd dim llawer yn ystod y mis wedyn. Yn rhyfedd iawn, doedd Emma ddim wedi cael problemau cysgu ers bod yng Nghwrtycadno. Mae'n bosib bod yr **ymweliad** â'r lle wedi ateb rhai cwestiynau yn ei **hisymwybod**, ac roedd hi'n dawel ei meddwl.

Roedd hi'n gweld y bioden yn aml. Mewn gwirionedd, doedd hi ddim yn siŵr p'un ai'r un bioden oedd hi – maen nhw i gyd yn edrych yr un fath – ond roedd hi eisiau credu mai'r un bioden oedd hi. Penderfynodd roi enw i'r aderyn. Roedd hi'n meddwl y byddai enw sy'n dechrau gyda P yn mynd yn dda gyda 'pioden'. Cofiodd am fachgen yn yr ysgol gyda gwallt du, a oedd yn fyr ond yn gyflym iawn gyda llygaid deallus, **sgleiniog**, o'r enw Parwej. Penderfynodd mai Parwej Pioden fyddai enw'r aderyn. Ar ôl hynny, roedd hi bob tro'n ei **chyfarch** gyda "Bore da, Parwej". Weithiau, roedd hi'n edrych fel tasai Parwej yn nodio ei phen yn ôl mewn ateb.

---
ymweliad – *a visit*

isymwybod – *subconscious (from **is** – lower, beneath + **gwybod**)*

sgleiniog – *shiny, glossy*

cyfarch – *to greet*

Roedd hi'n brysur gyda'i **chyrsiau** ac yn fuan iawn roedd hi'n amser paratoi at arholiadau ddiwedd tymor.

Peth syn i Emma oedd ei bod hi, chwe mis yn ôl, yn sefyll arholiadau **drwy gyfrwng** y Saesneg yn Lloegr, a nawr roedd hi'n mynd i sefyll arholiadau drwy gyfrwng y Gymraeg. Mewn ffordd, roedd paratoi at arholiad yn rhywbeth cyfarwydd iddi, ac roedd hi'n **fodlon** eistedd a gweithio'n galed i lwyddo.

* * *

Llwyddodd Emma yn yr arholiadau. Doedd ei marciau hi gyda llenyddiaeth ddim **cystal â**'r rhai a gafodd am ddysgu'r iaith, ond roedd hi'n disgwyl hynny. Roedd hi'n hapus ei bod wedi pasio.

Roedd Bethan wedi cynnig i Emma fynd i **dreulio**'r Nadolig gyda hi, ond roedd hi wedi penderfynu mynd adre at ei theulu yn Newcastle, sef teulu Adviya.

Aeth Bethan adre ar y nos Wener. Roedd y ddwy wedi rhoi anrhegion i'w gilydd cyn gadael.

Bwriad Emma oedd dal y trên am adre brynhawn dydd Sadwrn.

Yn y bore dechreuodd hi bacio, yna mynd i lawr i'r dref i godi anrhegion funud olaf o Gymru. Cyfarchodd Parwej y bioden ar y ffordd allan. Roedd hi wedi archebu bara brith

---

cwrs/cyrsiau – *course/s*

drwy gyfrwng – *through the medium (of)*

bodlon – *contented, willing*

cystal â – *as good as*

treulio – *to spend (time)* (**gwario** – *to spend money*)

a **phicau ar y maen** yn y siop gacennau i fynd nôl at Anti Khadija, a hefyd lliain golchi llestri yn sôn am **ddanteithion** Cymru. Prynodd **froets** Geltaidd i Adviya, tegan draig fflwfflyd i Aisha a thegan dafad fflwfflyd i Alia, chwaer fach Adviya. Cafodd **nodwr llyfr** Celtaidd i Wncwl Shazad. Doedden nhw ddim yn dathlu'r Nadolig, ond roedd hi eisiau rhoi rhywbeth arbennig i bob un.

Roedd y gwynt wedi dechrau codi wrth i Emma gerdded i fyny'r allt, a **diferion** o law yn dechrau disgyn o'r awyr. Paciodd Emma'r anrhegion yn ei chês a gweld bod lle ar ôl.

Roedd hi wedi bod yn poeni am y llyfr dan y matres ers diwrnodau. Doedd hi ddim yn gallu gadael y peth yn Aberystwyth, ond roedd hi'n ofni ei godi. Ond doedd dim dewis. Roedd rhaid tynnu'r llyfr allan.

Edrychodd allan drwy'r ffenest a gweld Parwej yn edrych arni hi.

Yn sydyn, sylweddolodd hi rywbeth. Roedd hi'n siarad Cymraeg. Roedd hi'n byw bywyd Cymraeg. Roedd hi'n teimlo'n barod nawr i edrych ar y llyfr.

Tynnodd hi'r llyfr o'r blanced. Doedd e ddim yn llosgi ei bysedd. Dechreuodd hi ei ddarllen:

---

picau ar y maen – *Welsh cakes (**cacenni cri** in North Wales)*

danteithion – *delicacies, treats*

broets – *a brooch*

nodwr llyfr – *a bookmark*

diferyn/diferion – *drop/s (South Wales)* [**dafn/au** *in North Wales*]

Doedd dim angen i Emma ddarllen dim mwy. Roedd hi'n teimlo'r pŵer yn dod i mewn i'w chorff mewn tonnau, yn deffro pob rhan ohoni hi am y tro cyntaf.

Clywodd hi Parwej yn galw, "Bydd yn ofalus."

Gwelodd hi wyneb gyda **chyrn** yn gwasgu yn erbyn y ffenest. Clywodd hi **leisiau** yn llefain yn y gwynt. Gwelodd hi **gysgodion** yn cerdded rhwng y myfyrwyr ar y lôn.

Roedd hi wedi agor y drws. O'r diwedd roedd hi'n gwybod pwy – a beth – oedd hi. Ond doedd hi ddim yn gwybod beth fyddai'n digwydd nesaf.

---

disgynyddion – *descendants*

corn/cyrn – *horn/s*

llais/lleisiau – *voice/s*

cysgodion – *shadows*

GEIRFA

achub – to save

adfail – a ruin

adnewyddu – to renovate, to restore

addo – to promise

addurniadau – decorations

angladd – a funeral (South Wales) [**cynhebrwng** in North Wales]

allt serth – a steep hill

amlwg – obvious

Amwythig – Shrewsbury

amyneddgar – patient

anadlodd yn ddwfn – (she) breathed heavily / took a deep breath

anadlu – to breathe

antur – an adventure

ar ei phen ei hun – by herself

arfordir – a coast (from **ar** – on + **môr** – sea + **tir** – land)

arllwys – to pour (**tywallt/tollti** in North Wales)

arogldarth – incense

arogleuon – scents, smells

aseiniadau – assignments

atyniad – an attraction

awel – a breeze

awgrymu – to suggest

barcud – a kite (both bird and toy)

bodlon – contented, willing

brathu – to bite

breuddwydio – to dream (**breuddwyd** – a dream)

brigyn/brigau – branch/es

broets – a brooch

bu farw – died

cael hwyl am ei phen – to make fun of her

canlyniadau – results

canolbwyntio – to concentrate

celfyddyd – *(an) art*
cilfan – *a layby*
clawdd/cloddiau –
   hedge/s (South Wales)
   *[**gwrych/oedd** in North Wales]*
clustog – *a pillow*
clytwaith – *a patchwork*
corn/cyrn – *horn/s*
croesffordd – *a crossroad*
cryfhau – *to become stronger (from **cryf** – strong)*
crynu – *to shake, to shiver, to tremble*
cul – *narrow*
cwrs/cyrsiau – *course/s*
cwsg – *sleep (noun)*
cyfagos – *nearby*
cyfarch – *to greet*
cyfarchiad – *a greeting*
cyfarwydd â – *familiar with*
cyfrifol – *responsible*
cyffro – *excitement*
cymuned – *a community*
cynhesu – *to warm (up) (from **cynnes** – warm)*
cynhyrfus – *excited*
cynnig – *to offer*
cysgodion – *shadows*

cystal â – *as good as*
chwant bwyd – *appetite (North Wales – **eisiau bwyd**)*
chwipio – *to whip*
chwysu – *to sweat*

dagrau – *tears*
danteithion – *delicacies, treats*
darlith/iau – *lecture/s*
daten – *a date (fruit)*
defnydd – *fabric*
dewin – *a wizard*
dieithr – *foreign, alien (**diarth** in North Wales)*
diferyn/diferion – *drop/s (South Wales) [**dafn/au** in North Wales]*
diflannu – *to disappear*
difywyd – *lifeless*
dihuno –
   to wake up (South Wales)
   *[**deffro** in North Wales]*
diogel – *safe*
disgleirio – *to shine*
disgwyl – *an expectation (also **disgwyl** – to expect)*
disgynyddion – *descendants*

dodi – *to put*
    (**rhoi** *is used in North Wales*)
doedd hi byth yn mynd –
    she never went
drain – *thorns*
    (**draenen** – *one thorn*)
drwy gyfrwng –
    through the medium (of)
dychmygu – *to imagine*
dymunol – *pleasant*

edau – *thread*
erbyn hynny – *by then*
estyn – *to extend*

fi sydd biau'r tŷ –
    I own the house

ffin – *a border*

garw – *rough*
glaswellt – *grass*
gliniadur – *a laptop*
golygfa/golygfeydd – *view/s*
golygu – *to mean*
gollwng – *to drop*
gorfodi – *to force*
gosod – *to set*
gradd – *a degree*

gradd/graddau – *grade/s*
gwahoddiadau – *invitations*
gwasgu – *to press*
gweiddi – *to shout, to yell*
gweddïo – *to pray*
gweini – *to serve*
gwerdd – *gwyrdd (fem. form)*
gwifrau – *wires, cables*
gwneud lles –
    to do (you) good
    (**lles** = *benefit*)
gwnïo – *to sew*

heblaw – *apart from, besides*
honni – *to allege, to claim*
hyd yn oed – *even*
hŷn – *older*

i ryw raddau –
    to a certain degree
isymwybod – *subconscious*
    (from **is** – *lower, beneath*
    + **gwybod**)

llais/lleisiau – *voice/s*
llenwi – *to fill (up)*
llenyddiaeth – *literature*
llifo – *to flow*
llofruddio – *to murder*

llwch – *dust*
llwybr cyhoeddus –
  a public footpath
llwyddo – *to succeed*
llwyn/i – *bush/es*

machlud – *to set (of sun);*
  also **machlud** – *sunset*
marwolaeth – *death*
meddai – *said*
mewn gwirionedd – *actually*
mewnforio – *to import*
  (from **mewn** + **môr**)
mwmian – *to mumble, to hum*
mwyar duon – *blackberries*
  (note that **duon** *is the plural*
  form of **du**)
mygiau – *mugs*
mynnu – *to insist*

nodwr llyfr – *a bookmark*
nodwydd – *a needle*

o leia' – *at least*
o'i blaen hi – *in front of her*
Oes rhywbeth o'i le? –
  Is there anything wrong?
ofnus – *scared, frightened, afraid*
ôl – *trace/s*

osgoi – *to avoid*
para – *to last*
patrwm – *a pattern*
pen tost –
  a headache (South Wales)
  [**cur pen** *in North Wales*]
penrhyn/nau –
  peninsula/s, headland/s
perthyn (i) – *to belong to*
picau ar y maen – *Welsh cakes*
  [**cacenni cri** *in North Wales*]
pioden/piod – *magpie/s*
pori – *to graze*
pwy – *note that in many parts of*
  South Wales people use **pwy**
  instead of **pa** *to express 'which'*
pwyllgor – *a committee*
pwythau – *stitches*

rhoi cynnig ar – *to give (it) a try*
rhwymo –
  to wrap (South Wales)
  [**lapio** *in North Wales*]
Rhydychen – *Oxford*
  (**Rhyd** = *ford* / **ychen** = *oxen*)
rhyfel – *a war*

safle – *a (web)site*
sefyllfa – *a situation*
sgleiniog – *shiny, glossy*

sibrwd – *to whisper*
sicrhau – *to ensure*
siomedig – *disappointed*
stribedi – *strips*
swp sâl – *really ill*
sylweddoli – *to realise, to notice*
syn – *surprised*

tacluso – *to tidy up*
(you will also hear **cymoni** in South Wales)
tâl salwch – *sick pay*
tebyg – *similar*
testunau – *texts*
tirlun – *a landscape*
torri'r ympryd – *to break the fast*
traddodiad – *tradition*
treulio – *to spend (time)*
(**gwario** – *to spend money*)
troellog – *winding, twisting*
trylwyr – *thorough*
trysori – *to treasure*
tyfiant – *growth*
tynnach – *tighter*
(from **tyn** – *tight*, but **yn dynn**)
tystysgrif geni – *a birth certificate*

tywynnu – *to shine, to gleam, to glimmer*

udo – *to howl*

wedi pentyrru ar ben ei gilydd – *piled on top of each other*
wrth edrych nôl – *looking back*
Wythnos y Glas – *Freshers' Week*

y celfyddydau – *the arts*
ymestyn – *to stretch*
ymhen hir a hwyr – *after a bit*
ymprydio – *to fast*
ymuno â – *to join*
ymweliad – *a visit*
yn ddiweddar – *recently*
yn enwedig – *especially*
yn wahanol i – *unlike*
ysbrydoliaeth – *(an) inspiration*
ysgrifennu/sgwennu creadigol – *creative writing*
ysgwyd – *to shake*
ystyr – *a meaning*

FFURFIAU GWERSI A FFURFIAU LLYFR

Forms in the book compared to course books

Meddiant / *Possession*

LLYFR	GOGLEDD	DE
Mae gen i ...	Mae gen i ...	Mae ... gyda fi
Mae gen ti ...	Mae gen ti ...	Mae ... gyda ti
Mae ganddo fo ...	Mae gynno fo ...	Mae ... gyda fe
Mae ganddi hi ...	Mae gynni hi ...	Mae ... gyda hi
Mae ganddon ni ...	Mae gynnon ni ...	Mae ... gyda ni
Mae gennych chi ...	Mae gynnoch chi ...	Mae ... gyda chi
Mae ganddyn nhw ...	Mae gynnyn nhw ...	Mae ... gyda nhw
Mae gan + enw ...	Mae gan + enw ...	Mae ... gyda + enw

Gorffennol 'cael' / *Past tense of 'cael' (to have)*

LLYFR	GOGLEDD	DE
Ces i	Mi ges i	Ces i/ Ges i
Cest ti	Mi gest ti	Cest ti/ Gest ti
Cafodd e	Mi gaeth o	Cafodd e/ Gaeth e
Cafodd hi	Mi gaeth hi	Cafodd hi/ Gaeth hi
Cawson ni	Mi gaethon ni	Cawson ni/ Gaethon ni
Cawsoch chi	Mi gaethoch chi	Cawsoch chi/ Gaethoch chi
Cawson nhw	Mi gaethon nhw	Cawson nhw/ Gaethon nhw
Cafodd + enw	Mi gaeth + enw	Cafodd/ Gaeth + enw

Note that there is a Soft Mutation after all these forms.

Hefyd yn y gyfres...